Die Spätschriften der Bibel

Die Apokryphen des Alten Testaments

Kleine Apokryphen und Zusätze aus der Bibel

Apokryphen und Zusätze der Bibel

Das Buch Baruch
Der Brief Jeremias
Stücke zu Esther
Stücke zu Daniel
und das Gebet des Manasse

Vertrauen auf den Schöpfer
von Himmel und Erde
errettet vor Unglück, gibt Sicherheit
und schenkt Freiheit

Übersetzung nach
Hermann Menge 1926

*Bibliografische Information der Deutschen Nationalbibliothek:
Die Deutsche Nationalbibliothek verzeichnet diese Publikation
in der Deutschen Nationalbibliografie; detaillierte bibliografische Daten sind im Internet über http://dnb.dnb.de
abrufbar.*

*TWENTYSIX – Der Self-Publishing-Verlag
Eine Kooperation zwischen der Verlagsgruppe Random House
und BoD – Books on Demand*

*Herstellung und Verlag:
BoD – Books on Demand, Norderstedt*

ISBN: 978-3-740-77268-0

Übersetzung: **Hermann Menge 1926**

Layout, Schriftsatz, Formatierung:
Antonia Katharina Tessnow
www.antonia-katharina.de

Das Buch Baruch

I. Die nach Judäa entsandte Bußmahnung Baruchs

1. Kapitel

Schreiben der Juden in Babel an ihre Brüder in Jerusalem. Mahnung zur Buße

1 Dies sind die Worte des Schriftstücks, welches Baruch, der Sohn Nerijas, des Sohnes Maasejas, des Sohnes Zedekias, des Sohnes Asadjas, des Sohnes Hilkias, in Babylon abgefaßt hat

2 im fünften Jahre, am siebenten Tage des Monats, zur Zeit, da die Chaldäer Jerusalem eingenommen und mit Feuer verbrannt hatten.

3 Baruch las die Worte dieses Schriftstücks vor in Gegenwart Jechonjas, des Sohnes Jojakims, des Königs von Juda, und in Gegenwart des ganzen Volks, das zum Anhören des Schriftstücks gekommen war,

4 und in Gegenwart der Vornehmen und der königlichen Prinzen und der Ältesten

und des ganzen Volks, der Kleinen und der Großen, aller derer, die in Babylon wohnten am Flusse Sud.

5 Und sie weinten und fasteten und beteten vor dem Herrn

6 und brachten Geld zusammen, ein jeder nach seinem Vermögen,

7 und schickten es nach Jerusalem an Jojakim, den Sohn Hilkias, des Sohnes Saloms, den Hohenpriester, und an die anderen Priester und an das ganze Volk, so viele sich bei ihm noch in Jerusalem befanden,

8 als er (Baruch) die Gefäße des Hauses Gottes, die aus dem Tempel weggenommen waren, in Empfang nahm, um sie ins Land Juda zurückzubringen, am zehnten Tage des Siwan, nämlich die silbernen Gefäße, die Zedekia, Josias Sohn, der König von Juda, hatte anfertigen lassen,

9 nachdem Nebukadnezar, der König von Babylon, den Jechonja und die Obersten und die Gefangenen und die Vornehmen und die Bevölkerung des Landes von Jerusalem weggeführt und ihn nach Babylon gebracht hatte.

Die Botschaft an die Juden in Jerusalem

10 Und sie ließen ihnen dabei sagen: »Seht, wir senden euch Geld; kauft also für das Geld Brandopfer, Sündopfer und Weihrauch, und richtet Speisopfer zu und bringt alles dies auf den Altar des Herrn, unseres Gottes,

11 und betet für das Leben Nebukadnezars, des Königs von Babylon, und für das Leben seines Sohnes Belsazar, daß ihre Tage auf Erden seien wie des Himmels Tage.

12 So wird der Herr uns Kraft verleihen und unsere Augen leuchten lassen, und wir werden leben unter dem Schatten Nebukadnezars, des Königs von Babylon, und unter dem Schatten seines Sohnes Belsazar und werden ihnen viele Tage dienen und Gnade vor ihnen finden.

13 Betet auch für uns zum Herrn, unserm Gott; denn wir haben gesündigt wider den Herrn, unsern Gott, und des Herrn Grimm und Zorn hat sich bis auf diesen Tag nicht von uns abgewandt.

Bekenntnis der Schuld des Volkes im allgemeinen

Bußgebet

14 Lest auch dies Schreiben, das wir euch senden, um es kundzutun im Hause des Herrn an einem Festtage und an Feiertagen vor

15 und sprecht also: Bei dem Herrn, unserm Gott, ist Gerechtigkeit; uns aber bedeckt heute die Schamröte das Angesicht, uns, den Männern von Juda und den Bewohnern Jerusalems,

16 unsern Königen und unsern Obersten, unsern Priestern, unsern Propheten und unsern Vätern,

17 darum daß wir gesündigt haben vor dem Herrn und ihm ungehorsam gewesen sind

18 und nicht gehört haben auf die Stimme des Herrn, unsers Gottes, zu wandeln nach seinen Geboten, die er uns zur Pflicht gemacht hat.

19 Von dem Tage an, da der Herr

unsere Väter aus Ägypten weggeführt hat, bis auf diesen Tag sind wir ungehorsam gewesen gegen den Herrn, unsern Gott, und säumig, auf seine Stimme zu hören.

20 So hat sich denn an uns das Unheil geheftet und der Fluch, den der Herr seinem Knechte Mose aufgetragen hat an dem Tage, da er unsere Väter aus Ägyptenland wegführte, um uns ein Land zu geben, wo Milch und Honig fließt, wie es noch heute der Fall ist.

21 Aber wir haben nicht gehört auf die Stimme des Herrn, unseres Gottes, trotz aller Mahnungen der Propheten, die er zu uns sandte,

22 sondern wir sind alle gewandelt nach dem Sinn unsers bösen Herzens, um fremden Göttern zu dienen und zu tun, was dem Herrn, unserm Gott, mißfiel.

2. Kapitel

Bußgebet des jüdischen Volkes

1 Nun aber hat der Herr sein Wort wahr gemacht, das er wieder uns und unsere

Richter, die Israel gerichtet haben, und wider unsere Könige und Obersten und wider die Leute von Israel und Juda ausgesprochen hatte,

2 daß er über uns großes Unheil kommen lassen wolle, wie solches noch nie unter dem ganzen Himmel geschehen sei, aber zu Jerusalem geschehen ist, wie es ja auch im Gesetz Mose's geschrieben steht (5. Mose 28, 53; 3. Mose 26, 29)

3 daß wir essen sollten ein jeglicher seines Sohnes Fleisch und ein jeglicher seiner Tochter Fleisch.

4 Und er gab sie in die Gewalt aller dieser Königreiche rings um uns her, zu einem Gegenstand der Schmach und des Abscheus unter allen Völkern im Umkreis, wohin der Herr sie zerstreute.

5 So ging es denn mit ihnen abwärts und nicht aufwärts, weil wir gesündigt hatten wider den Herrn, unsern Gott, indem wir auf seine Stimme nicht hörten.

6 Beim Herrn, unserm Gott, ist Gerechtigkeit; uns aber und unsern Vätern bedeckt heute die Schamröte das Angesicht.

7 Was der Herr uns angedroht hat, all

dieses Unheil ist über uns gekommen;

8 und dennoch haben wir uns nicht an den Herrn mit der Bitte gewandt, er möge einen jeden von den Anschlägen seines bösen Herzens bekehren.

9 Und so war denn der Herr auf das Unheil bedacht und hat es über uns kommen lassen; denn gerecht ist der Herr in all seinem Tun, das er uns anbefohlen hat.

10 Doch wir haben nicht auf seine Stimme gehört, daß wir wandelten nach des Herrn Geboten, die er uns vorgelegt hat.

11 Und nun, Herr, Gott Israels, der du dein Volk aus Ägyptenland herausgeführt hast mit starker Hand und unter Zeichen und Wundern und mit großer Kraft und erhobenem Arm und dir dadurch einen Namen bis auf den heutigen Tag gemacht hast:

12 wir haben gesündigt, sind gottlos gewesen und haben Unrecht getan, Herr, unser Gott, in bezug auf alle deine gerechten Forderungen.

13 Es wende doch dein Zorn sich von uns ab! denn nur wenige sind von uns

übriggeblieben unter den Völkern, wohin du uns zerstreut hast.

14 Erhöre, Herr, unser Gebet und unser Flehen, errette uns um deinetwillen und laß uns Gnaden finden bei denen, die uns weggeführt haben,

15 auf daß die ganze Erde erkenne, daß du der Herr, unser Gott, bist und daß Israel und sein Geschlecht nach deinem Namen benannt worden ist.

16 Herr, blicke herab aus deiner heiligen Wohnung und richte auf uns dein Augenmerk! neige, Herr, dein Ohr und höre!

17 Tue auf, o Herr, deine Augen und sieh! denn nicht die Gestorbenen in der Unterwelt, deren Geist aus ihrem Leibe entschwunden ist, werden dem Herrn die gebührende Ehre darbringen,

18 sondern die tiefbetrübte Seele und was da gebückt und in Schwachheit einhergeht, und die verschmachtenden Augen und die hungernde Seele: – die werden dir die gebührende Ehre darbringen, o Herr.

19 Denn nicht wegen des Rechttuns unserer Väter und unserer Könige

schütten wir unser Flehen hin vor dein Angesicht, Herr, unser Gott;

20 denn du hast deinen Grimm und Zorn wider uns losgelassen, wie du es angedroht hattest durch deine Knechte, die Propheten, mit den Worten:

21 'So spricht der Herr: Beugt euren Rücken, dem Könige von Babylon zu gehorchen, so werdet ihr wohnen bleiben in dem Lande, das ich euren Vätern gegeben habe!

22 Wenn ihr aber nicht hören wollt auf die Stimme des Herrn, daß ihr dienet dem Könige von Babylon,

23 so werde ich aufhören machen in den Städten Juda's und in Jerusalem die Stimme der Freude und der Lust, die Stimme des Bräutigams und der Braut, und das ganze Land soll zur Wüstenei werden ohne Bewohner!'

24 Aber wir haben deiner Weisung, dem Könige von Babylon zu dienen, nicht gehorcht; darum hast du deine Drohung wahr gemacht, die du durch deine Knechte, die Propheten, ausgesprochen hattest, daß unserer Könige und unserer Väter Gebeine herausgeholt werden

sollten aus ihrer Grabstätte.

25 Und fürwahr, sie sind hingeworfen und preisgegeben worden der Hitze des Tages und dem Frost der Nacht; und (jene) sind in schweren Mühsalen umgekommen durch Hunger und Schwert und Verbannung.

26 Und das Haus, wo dein Name angerufen wurde, hast du zu dem gemacht, was es heute ist, wegen der Bosheit des Hauses Israel und des Hauses Juda.

27 An uns aber, Herr, unser Gott, hast du gehandelt nach deiner ganzen Milde und nach all deiner großen Barmherzigkeit,

28 wie du es verheißen hast durch deinen Knecht Mose an dem Tag, da du ihm vor den Kindern Israel gebotest, dein Gesetz aufzuschreiben, indem du sprachst:

29 'Wenn ihr nicht auf meine Stimme hört, so wird fürwahr diese große, zahlreiche Volksmenge zu einem kleinen Häuflein werden unter den Heiden, wohin ich sie zerstreuen werde.

30 Denn ich weiß, daß sie auf mich nicht hören werden; denn es ist ein

halsstarriges Volk. Doch im Lande ihrer Verbannung werden sie sich bekehren in ihrem Herzen

31 und werden erkennen, daß ich der Herr, ihr Gott, bin, und dann werde ich ihnen ein Herz geben und Ohren, willig zu hören,

32 und sie werden mich loben im Lande ihrer Verbannung und meines Namens gedenken

33 und sich bekehren von ihrer Halsstarrigkeit und von ihren bösen Taten; denn sie werden daran gedenken, wie es ihren Vätern ergangen ist, die vor dem Herrn sündigten.

34 Und dann will ich sie zurückbringen in das Land, das ich ihren Vätern, dem Abraham, Isaak und Jakob, zugeschworen habe, und sie sollen es als Herren besitzen; und ich will sie mehren, und sie sollen nicht mehr vermindert werden.

35 Und ich will einen ewigen Bund mit ihnen schließen, daß ich ihr Gott sei und sie mein Volk, und ich will mein Volk Israel nie wieder vertreiben aus dem Lande, das ich ihnen gegeben habe.'

3. Kapitel

*Fortsetzung des Bußgebets.
Aufforderung an Israel,
die göttliche Weisheit zu suchen*

1 Allmächtiger Herr, Gott Israels! Eine bedrängte Seele und ein bekümmerter Geist schreit zu dir!

2 Höre, Herr, und erbarme dich! denn wir haben gegen dich gesündigt.

3 Ja, du thronst auf ewig, wir aber, wir gehen auf ewig zugrunde.

4 Allmächtiger Herr, Gott Israels! Erhöre doch das Gebet der Erstorbenen Israels und der Söhne derer, die gegen dich gesündigt, die nicht auf deine, ihres Gottes, Stimme gehört haben und die darum das Unheil dauernd verfolgt hat.

5 Gedenke nicht der Missetat unserer Väter, gedenke vielmehr deines starken Armes und deines Namens zu dieser Zeit!

6 denn du bist der Herr, unser Gott, und wir wollen dich preisen, o Herr.

7 Denn darum hast du deine Furcht in unsre Herzen gegeben und uns dazu getrieben, deinen Namen anzurufen. Und

wir wollen dich preisen in unserer Verbannung, weil wir aus unseren Herzen entfernt haben alles Unrecht unserer Väter, die wider dich gesündigt haben.

8 Siehe, wir sind heute noch im Lande unserer Verbannung, wohin du uns zerstreut hast zur Schmach und zum Fluch und zur Büßung für alle Missetaten unserer Väter, die vom Herrn, unserm Gott, abgefallen sind.

II. Tröstende Zuschrift
an das zerstreute Volk

9 Höre, Israel, die Gebote des Lebens; merkt auf, damit ihr Einsicht lernt!

10 Wie ist's, Israel? wie kommt's, daß du im Lande der Feinde bist? Alt bist du geworden im fremden Lande, hast dich verunreinigt zusamt den Toten,

11 bist zugezählt den in die Unterwelt Gefahrenen.

12 Du hast verlassen die Quelle der Weisheit.

13 Wärst du auf Gottes Wegen gewandelt, so würdest du daheim in Frieden wohnen für ewige Zeit.

14 Lerne, wo Weisheit, wo Stärke, wo Einsicht ist, um zugleich zu erkennen, wo langes Dasein und Leben ist, wo Erleuchtung der Augen und Frieden!

15 Wer hat ihre Wohnstätte gefunden, und wer ist zu ihren Schätzen gedrungen?

16 Wo sind die Herrscher der Völker und die Herren der Tiere auf Erden?

17 die da spielten mit den Vögeln des Himmels und das Silber und das Gold aufhäuften, worauf die Menschen ihr Vertrauen setzen und wonach sie ohne Ende trachten?

18 Denn die da Gold aufschichten (sammeln) und darauf ihre Sorge richten und deren Werke unausforschlich sind: –

19 verschwunden sind sie und in die Unterwelt hinabgefahren, und andere sind an ihre Stelle getreten.

20 Jüngere sahen das Licht und bewohnten die Erde, aber den Weg zur Einsicht erkannten sie nicht,

21 noch verstanden sie ihre Pfade; auch ihre Söhne erfaßten sie nicht, sondern blieben fern von dem Wege zu ihr.

22 Auch in Kanaan hat man nicht von ihr gehört und in Theman sie nicht gesehen.

23 Auch die Söhne Hagars, die weltliche Einsicht suchen, die Kaufleute von Meran und Theman, und die Erdichter von Fabeln und die nach Einsicht Strebenden: – den Weg zur Weisheit haben sie nicht gekannt und von ihren Pfaden keine Kunde gehabt.

24 O Israel, wie groß ist Gottes Haus und wie weit die Stätte seines Besitzes!

25 groß und ohne Ende, hoch und unermeßlich!

26 Dort wurden geboren die Riesen, die berühmten, die uralten, die hochgewachsenen, kriegskundigen.

27 Nicht diese hat Gott erkoren, nicht ihnen den Weg zur Weisheit gezeigt;

28 nein, sie kamen um, weil sie keine Erkenntnis besaßen, sie kamen um durch ihre Torheit.

29 Wer ist zum Himmel hinaufgestiegen und hat sie geholt und sie herniedergebracht aus den Wolken?

30 Wer ist über das Meer gefahren und hat sie gefunden, daß er sie herbeibringe für kostbares Gold?

31 Da ist keiner, der den Weg zu ihr wüßte, keiner, der den Pfad zu ihr wahrnähme.

32 Nur der Allwissende kennt sie, durch seine Einsicht hat er sie gefunden, er, der die Erde geschaffen für ewige Zeit und sie bevölkert hat mit vierfüßigen Tieren;

33 der den Blitz entsendet, und er bricht hervor, der ihm ruft, und er gehorcht mit Zittern.

34 Die Sterne leuchteten auf ihren Wachtposten und waren fröhlich; er rief sie, und sie sagten: 'Hier sind wir!'; mit Freuden leuchteten sie ihrem Schöpfer.

35 Das ist unser Gott; kein anderer gilt neben ihm.

36 Er hat jeglichen Weg zur Erkenntnis ausfindig gemacht und hat sie Jakob, seinem Knechte, und Israel, seinem Geliebten, verliehen.

37 Seitdem ist sie auf Erden erschienen und unter den Menschen gewandelt.

4. Kapitel

*Klage Jerusalems
über das Schicksal des Volkes.
Trostvolle Aussicht auf Erlösung von Feinden*

1 Sie ist das Buch von Gottes Geboten und das Gesetz, das in Ewigkeit gilt: alle, die an ihr festhalten, kommen zum Leben, aber sterben werden die, welche sie verlassen.

2 Bekehre dich, Jakob, und ergreife sie! wandle zu dem Glanze, der vor ihrem Licht ist!

3 Gib keinem anderen deine Ehre preis, noch was dir frommt, einem fremden Volke!

4 Wohl uns Israeliten, daß uns bekannt ist, was Gott wohlgefällt!

5 Fasse Mut, mein Volk, du Überrest Israels! [Sei getrost, mein Volk, die ihr übriggeblieben seid, daß Israels noch gedacht werde! (1)]

6 Verkauft seid ihr an die Heiden, aber nicht zum Untergang; nein, weil ihr Gott erzürnt habt, seid ihr euren Widersachern preisgegeben worden;

7 weil ihr den erbittert habt, der euch geschaffen hat, weil ihr Dämonen geopfert habt und nicht Gott.

8 Vergessen hattet ihr den ewigen Gott, der euch ernährte; aber auch Jerusalem habt ihr betrübt, das euch großgezogen hatte;

9 denn es sah den von Gott auf euch herabkommenden Zorn und sprach klagend: Hört ihr, die ihr um Zion wohnt! denn Gott hat großes Leid über mich gebracht;

10 denn ich habe die Wegführung meiner Söhne und Töchter gesehen, die der Ewige über sie verhängt hat.

11 Ach mit Freuden hatte ich sie großgezogen, aber mit Klage und Trauer habe ich sie wegziehen lassen!

12 Niemand möge sich freuen über mich, die ich Witwe geworden und von so vielen verlassen bin! Ich bin einsam geworden wegen der Sünden meiner Kinder, weil sie abgewichen waren von Gottes Gesetz,

13 und seiner Satzungen nicht achteten und auf den Wegen der Gebote Gottes nicht wandelten und die Pfade der Zucht

nicht in seiner Gerechtigkeit betraten.

14 Kommt, die ihr um Zion her wohnt, und gedenkt der Gefangenschaft meiner Söhne und Töchter, die der Ewige über sie verhängt hat.

15 Denn er hat gegen sie ein Volk von fern hergeführt, ein freches Volk mit fremder Sprache, das weder Scheu vor Greisen noch Mitleid mit Kindern hatte;

16 die haben die Lieblinge der Witwe weggeschleppt und die Vereinsamte ihrer Töchter beraubt!

17 Ich aber, wie vermöchte ich euch zu helfen?

18 Denn nur er, der das Unheil herbeigeführt hat, wird euch aus der Hand eurer Feinde befreien.

19 Zieht von dannen, ihr Kinder, zieht fort, denn ich muß vereinsamt hier zurückbleiben.

20 Ausgezogen habe ich das Gewand des Friedens und angezogen das Trauerkleid meines Flehens. Schreien will ich zum Ewigen alle Tage!

21 Habt Mut, Kinder! schreiet zu Gott, daß er euch errette aus der

Gewaltherrschaft, aus der Hand der Feinde!

22 Denn ich, ich erhoffe vom Ewigen euer Heil, und Freude ist mir vom Heiligen zuteil geworden ob der Erbarmung, die euch in Bälde widerfahren wird von eurem ewigen Erretter.

23 Denn mit Weinen und Wehklagen habe ich euch ziehen lassen, aber Gott wird euch mir zurückgeben mit Wonne und Freude in Ewigkeit.

24 Denn gleichwie jetzt die Nachbarstädte Zions eure Wegführung gesehen haben, so werden sie in Bälde eure Errettung durch Gott schauen, die euch zuteil werden wird mit großer Pracht und Herrlichkeit des Ewigen.

25 Kinder, ertragt mit Geduld den von Gott über euch gekommenen Zorn; verfolgt hat dich der Feind, aber du wirst seine Vernichtung in Kürze schauen und ihnen den Fuß auf den Nacken setzen.

26 Meine zarten Kindlein haben rauhe Wege wandeln müssen, sind weggeführt worden, gleich einer von Feinden geraubten Herde.

27 Seid mutig, meine Kinder, und schreiet zu Gott! denn er, der dies über euch verhängt hat, wird euer gedenken.

28 Jedoch wie euer Sinn darauf gerichtet gewesen ist, von Gott abzufallen, so seid jetzt zehnfach eifriger, ihn zu suchen.

29 Denn der das Unheil über euch verhängt hat, wird auch mit eurer Rettung ewige Freude über euch bringen.

30 Fasse Mut, Jerusalem! es wird dich trösten, der dir den Namen gegeben hat.

31 Wehe denen, die dir Böses erwiesen und sich gefreut haben über deinen Fall!

32 Wehe den Städten, denen deine Kinder als Sklaven haben dienen müssen! Wehe der Stadt, die deine Söhne aufgenommen hat!

33 Denn wie sie ob deiner Niederlage sich gefreut und ob deines Falles frohlockt hat, also soll sie trauern müssen bei ihrer eigenen Verödung.

34 Und wegnehmen will ich ihre Freude an ihrem zahlreichen Volke und will ihren Stolz in Trauer verwandeln.

35 Denn Feuer wird über sie kommen vom Ewigen auf lange Tage hin, und sie

soll von bösen Geistern bewohnt werden für lange Zeit.

36 Schaue umher nach Osten, Jerusalem, und sieh die Freude, die von Gott zu dir kommt!

37 Siehe, es kommen deine Kinder, die du hast ziehen lassen; sie kommen geschart vom Aufgang bis zum Niedergang auf das Geheiß des Heiligen und freuen sich der Herrlichkeit Gottes.

5. Kapitel

*Jerusalem wird zur Freude
über die Rückkehr des Volkes ermuntert*

1 Lege ab, Jerusalem, das Gewand deiner Trauer und deines Elends, und ziehe den Schmuck der Herrlichkeit an, die Gott dir verleiht für ewige Zeiten!

2 Hülle dich in den Mantel der Gerechtigkeit, die Gott verleiht, setze auf dein Haupt den Kopfbund der Herrlichkeit des Ewigen!

3 Denn Gott wird deinen Glanz offenbar machen der ganzen Erde unter dem Himmel;

4 denn dein Name wird auf ewig von Gott genannt werden "Friede der Gerechtigkeit" und "Herrlichkeit der Gottesfurcht".

5 Erhebe dich, Jerusalem, und tritt auf die Höhe, und schaue umher nach Osten und sieh deine Kinder versammelt von Sonnenuntergang bis zum Aufgang auf das Geheiß des Heiligen, sich freuend, daß Gott ihrer gedacht hat!

6 Denn zu Fuß sind sie von dir weggezogen, von Feinden getrieben; aber Gott führt sie zu dir zurück, wie einen Königsthron getragen mit Ehren!

7 Denn Gott hat geboten, daß erniedrigt werde jeder hohe Berg und die ewigen Hügel, und daß die Schluchten ausgefüllt werden zu ebenem Lande, auf daß Israel sicher wandere in der Herrlichkeit Gottes.'

8 Es beschatteten aber Israel auch die Wälder und allerlei duftendes Gehölz auf Gottes Befehl.

9 Denn Gott wird Israel geleiten mit Freude im Licht seiner Herrlichkeit, mit Gnade und Gerechtigkeit, die er verleiht.

6. Kapitel - **Brief des Jeremia**

Warnung vor Abgötterei, an die nach Babel wegzuführenden Gefangenen gerichtet

1 Abschrift des Briefes, welchen Jeremia an die Gefangenen, die vom König der Babylonier nach Babylon geführt werden sollten, gesandt hat, ihnen zu verkünden, wie es ihm von Gott aufgetragen war.

2 'Um der Sünden willen, die ihr gegen Gott begangen habt, werdet ihr gefangen nach Babylon geführt werden von Nebukadnezar, dem König der Babylonier.

3 Wenn ihr nun in Babylon angekommen seid, werdet ihr dort viele Jahre zubringen und eine lange Zeit, bis auf sieben Geschlechter. Darnach werde ich euch von dort wieder wegführen in Frieden.

4 Nun werdet ihr aber in Babylon Götzen von Silber, Gold und Holz sehen, die man auf den Schultern trägt und die den Heiden Furcht einflößen.

5 Hütet euch also, daß nicht auch ihr den Fremden gleich werdet und auch euch

Furcht vor jenen erfasse, wenn ihr das Volk sie von vorn und von hinten anbeten seht;

6 denkt vielmehr bei euch: 'Dich muß man anbeten, o Herr!'.

7 Denn mein Engel ist bei euch und sucht euer Leben zu bewahren.

Darlegung der Torheiten des Götzendienstes

8 Denn ihre Zunge ist vom Künstler geschnitzt; sie selbst aber, vergoldet und versilbert, sind Lügengebilde und können nicht reden.

9 Wie für eine putzsüchtige Jungfrau nehmen sie Gold und fertigen daraus Kränze für das Haupt ihren Götzen.

10 Es kommt aber auch vor, daß die Priester ihren Götzen das Gold und Silber wegnehmen und es für sich selbst verwenden;

11 ja, sie geben davon auch den Huren im Hurenhause. Sie schmücken sie gleich Menschen mit Kleidern, die silbernen Götter und die goldenen und hölzernen Götter;

12 die lassen sich aber nicht (einmal) vor Rost und Zerfressung bewahren; auch wenn sie mit Purpurgewändern umhüllt sind,

13 muß man ihnen doch das Gesicht abwischen wegen des Staubes im Hause, der dick auf ihnen liegt.

14 Mancher führt auch ein Zepter, als wäre er Regent im Lande, aber wenn jemand sich gegen ihn verfehlt, kann er ihm nichts anhaben.

15 Auch ein Schlachtschwert hält er in der Rechten oder ein Beil, und doch kann er sich weder des Krieges noch der Räuber erwehren.

16 Daher ist es offenbar, daß sie keine Götter sind: fürchtet euch also nicht vor ihnen!

17 Gerade wie das Gesäß eines Menschen, wenn es zerbrochen ist, unbrauchbar wird, so verhält es sich auch mit ihren Göttern. Sind sie in den Tempeln aufgestellt, so werden ihre Augen voll Staubs von den Füßen der Eintretenden.

18 Und wie für einen, der sich an einem Könige vergangen hat, die Höfe

verschlossen sind, wie für einen zum Tode Abgeführten, so verwahren die Priester ihre Behausungen mit Toren, Schlössern und Riegeln, damit sie von den Räubern nicht geplündert (oder gestohlen) werden.

19 Lichter zünden sie vor ihnen an, ja mehr als für sich selbst, von denen jene doch kein einziges zu sehen vermögen.

20 Er (d. h. der Götze) ist wie einer der Balken am Hause; ihr Inneres, sagt man, wird zerfressen; vom Gewürm der Erde, das sie und ihre Kleider verzehrt, spüren sie nichts.

21 Geschwärzt ist ihr Angesicht vom Rauche im Tempel;

22 auf ihren Körper und Kopf fliegen Nachteulen, Schwalben und andere Vögel hinauf, desgleichen setzen sich auch Katzen darauf.

23 Daraus werdet ihr erkennen, daß sie keine Götter sind: fürchtet euch also nicht vor ihnen!

24 Ja, wenn man von dem Golde, mit dem sie zum Schmuck überzogen sind, den Rost nicht abwischt, so glänzen sie

nicht; denn sie spürten es ja auch nicht, als sie gegossen wurden.

25 Um jeden Preis hat man sie gekauft, sie, in denen doch kein Lebenshauch wohnt!

26 Der Füße nicht mächtig, müssen sie auf den Schultern von Männern getragen werden, denen sie so ihre Nichtigkeit zeigen.

27 Es schämen sich aber auch die, welche sie bedienen; denn wenn einmal einer von ihnen zu Boden fällt, kann er von selbst nicht wieder aufstehen; und stellt man ihn aufrecht, so bewegt er sich nimmer von selbst; gerät er in eine schiefe Lage, so kann er sich nicht wieder aufrichten; ja wie Toten legt man ihnen ihre Gaben vor.

28 Was geopfert wird, verbrauchen ihre Priester, indem sie es verkaufen; desgleichen salzen auch ihre Weiber davon ein, ohne Armen oder Kranken etwas abzugeben;

29 selbst unreine Frauen und Wöchnerinnen rühren ihre Opfer an. Habt ihr nun aus allem diesem erkannt, daß sie

keine Götter sind, so fürchtet euch nicht vor ihnen!

30 Wie könnten sie denn auch Götter genannt werden? Es sind ja sogar Weiber, die den silbernen, goldenen und hölzernen Göttern die Speisen vorsetzen;

31 und in ihren Tempeln sitzen auf Stühlen die Priester mit zerrissenen Kleidern und geschorenen Köpfen und Bärten, und ihre Häupter sind dabei unbedeckt;

32 sie schreien und heulen vor ihren Göttern, wie man beim Leichenmahl zu tun pflegt.

33 Von ihren Gewändern nehmen sich die Priester und bekleiden damit ihre Weiber und Kinder.

34 Mögen sie Böses von jemandem erfahren oder Gutes: sie werden es nicht vergelten können; sie können einen König weder einsetzen noch absetzen;

35 desgleichen können sie weder Reichtum verleihen noch bares Geld schenken. Gelobt einer ihnen ein Gelübde und hält es nicht: sie werden es nimmer einfordern.

36 Vom Tode können sie keinen

Menschen erretten, noch einen Schwächeren dem Stärkeren entreißen;

37 einem Blinden können sie das Gesicht nicht wiedergeben, auch einen in Not Befindlichen nicht erretten.

38 Einer Witwe können sie sich nicht erbarmen und einem Waisenkinde nicht wohltun.

39 Den roh aus dem Berge gebrochenen Steinen gleichen sie, die hölzernen, vergoldeten und versilberten Götzen, und ihre Diener müssen zu Schanden werden.

40 Wie kann man also glauben oder behaupten, daß sie wirklich Götter seien, da obendrein auch die Chaldäer selbst sie verunehren?

41 Wenn diese einen Stummen sehen, der nicht reden kann, so bringen sie ihren Bel herbei und verlangen, daß jener rede, als ob er imstande wäre, sie zu vernehmen.

42 Und obgleich sie dies selbst einsehen, sind sie doch nicht imstande, die Götzen fahren zu lassen, denn sie haben kein Verständnis.

43 Die Weiber, mit Binden (an der Stirn)

umwunden, sitzen an den Wegen und räuchern mit Kleie; wird dann eine von ihnen von einem Vorbeigehenden mitgenommen und beschlafen, so verspottet sie ihre Nachbarin, weil diese noch nicht gleich ihr wert erfunden worden und ihre Binde unzerrissen geblieben ist.

44 Alles, was bei ihnen geschieht, ist Lügenwerk: wie kann man also glauben oder behaupten, daß dies Götter seien?

45 Von Künstlern und Goldschmieden sind sie gearbeitet und können gar nichts anderes werden, als wozu die Werkleute sie bestimmt haben.

46 Nun sind die, welche sie verfertigt haben, selbst nicht von langer Lebensdauer: wie sollte es mit ihren Gebilden anders sein?

47 Ja, nur Trug und Schmach hinterlassen sie ihren Nachkommen.

48 Denn wenn Krieg oder sonst ein Unheil über sie kommt, beratschlagen die Priester untereinander, wo sie sich mit ihnen verstecken sollen.

49 Wie kann man da nicht einsehen, daß sie keine Götter sind, sie, die nicht einmal

sich selbst aus Krieg und Unheil erretten können?

50 Denn da sie hölzern und vergoldet und versilbert sind, wird man schließlich erkennen, daß sie Lügengebilde sind.

51 Allen Heiden und Königen wird es klar werden, daß sie keine Götter sind, sondern nur Machwerke von Menschenhand, und daß nichts von Gotteswerk bei ihnen zu finden ist.

52 Wem wird da nicht offenbar, daß sie keine Götter sind?

53 Denn weder vermögen sie einen König über ein Land einzusetzen, noch den Menschen Regen zu geben;

54 weder Recht zu sprechen vermögen sie in eigener Sache, noch jemand gegen eine Freveltat zu schützen in ihrer Ohnmacht; denn wie Krähen sind sie, die mitten zwischen Himmel und Erde fliegen.

55 Ja, wenn einmal Feuer im Tempel der hölzernen, vergoldeten und versilberten Götter ausbricht, so ergreifen ihre Priester die Flucht und bringen sich in Sicherheit; sie selbst aber müssen wie Balken ganz und gar verbrennen.

56 Einem Könige aber und Feinden leisten sie niemals Widerstand. Wie soll man da annehmen und glauben, daß sie Götter seien?

57 Weder vor Dieben, noch vor Räubern vermögen diese hölzernen, versilberten und vergoldeten Götter sich zu schützen.

58 Wenn diese sie in ihre Gewalt bekommen, nehmen sie ihnen das Silber und Gold und die Gewandung weg, womit sie bekleidet sind, und gehen damit auf und davon; sie selbst aber können sich nicht helfen.

59 Darum ist ein König besser daran, der seine Tapferkeit beweist, oder ein dem Hausbesitzer nutzbringendes Hausgerät, als die Lügengötter; mehr wert ist auch die Tür am Hause, die das darin Befindliche verwahrt, als die Lügengötter; mehr auch eine hölzerne Säule im Königspalast als die Lügengötter.

60 Ja, Sonne, Mond und Sterne, die hell leuchten und dazu bestimmt sind, sich nützlich zu erweisen, leisten Gehorsam;

61 desgleichen ist auch der Blitz, wenn er aufleuchtet, schön anzusehen; und derselbe Wind weht in jedem Lande;

62 und die Wolken, wenn ihnen von Gott befohlen wird, über die ganze Erde hinzuziehen, vollbringen das ihnen Befohlene;

63 auch das Feuer, wenn es von oben entsandt wird, Berge und Wälder zu verzehren, vollführt das ihm Befohlene. Diese (d. h. die Götzen) aber sind ihnen weder an Aussehen noch an Kräften vergleichbar.

64 Daher kann man weder glauben noch behaupten, daß sie Götter seien, weil sie weder Gericht zu halten noch den Menschen wohlzutun imstande sind.

65 Wenn ihr nun erkannt habt, daß sie keine Götter sind, so fürchtet euch nicht vor ihnen.

66 Denn Königen vermögen sie weder zu fluchen noch sie zu segnen,

67 auch Zeichen am Himmel können sie unter den Heiden nicht sehen lassen; sie scheinen nicht wie die Sonne, noch leuchten sie wie der Mond.

68 Sogar die Tiere sind besser daran als sie, da sie an einen schützenden Ort fliehen und so sich sichern können.

69 In keinerlei Weise ist uns also

offenbar, daß sie Götter sind: deshalb fürchtet euch nicht vor ihnen.

70 Ja, wie eine Vogelscheuche im Gurkengarten, die keinen Schutz gewährt, ebenso sind ihre hölzernen, vergoldeten und versilberten Götter.

71 Ebenso gleichen sie auch dem Dornstrauch im Garten, auf den alle Vögel sich setzen; desgleichen auch einem ins Dunkle geworfenen Leichnam sind ähnlich ihre hölzernen, vergoldeten und versilberten Götter.

72 Auch am Purpur und am Marmor, der an ihnen verwittert, kann man erkennen, daß sie keine Götter sind: zuletzt werden sie selbst zerfressen, und im Lande wird Spott (ihretwegen) herrschen.

73 Besser ist also ein gerechter Mann daran, der keine Götzenbilder hat; denn er wird fern bleiben von Verspottung.

Zusätze zu Esther

1. Stück:
Der Traum Mardochais

1 Im zweiten Regierungsjahre des mächtigen Königs Artaxerxes, am ersten Tage des Monats Nisan,

2 hatte Mardochai, der Sohn Jairs, des Sohnes Simeis, des Sohnes des Kis, einen Traum. Er war ein Jude aus dem Stamme Benjamin,

3 der in der Stadt Susa wohnte, ein angesehener Mann, der am königlichen Hofe Dienste leistete.

4 Er stammte von der Gefangenenschar ab, die der babylonische König Nebukadnezar aus Jerusalem zusammen mit Jechonja, dem Könige von Judäa, weggeführt hatte.

5 Und dies war sein Traumgesicht: Siehe, es herrschte Geschrei und Lärm, Donnerschläge, Erdbeben und Schrecken auf der ganzen Erde.

6 Da erschienen plötzlich zwei gewaltige Drachen, beide kampfbereit.

7 Sie stießen ein lautes Gebrüll aus, und infolge ihres Brüllens rüsteten sich alle Völker zum Kampfe, um das Volk der Gerechten zu bekämpfen.

8 Da kam denn ein Tag der Finsternis und des Dunkels, Drangsal und Beängstigung, Not und große Angst über die ganze Erde,

9 und das gesamte gerechte Volk geriet in Angst aus Furcht vor dem drohenden Unheil; sie bereiteten sich auf den Tod vor und schrieen zu Gott um Hilfe.

10 Da entstand infolge ihres Hilferufs wie aus einer kleinen Quelle ein mächtiger Strom, ein gewaltiges Gewässer.

11 Da kam das Tageslicht und die Sonne wieder zum Vorschein, und die Niedergedrückten kamen wieder hoch und fraßen die Hochgeehrten auf.

12 Nachdem nun Mardochai, der diesen Traum gehabt und das gesehen hatte, was Gott zu vollführen gedachte, erwacht war, hielt er das Geschaute in seiner Erinnerung fest und hegte den Wunsch, noch im Verlauf der Nacht zu völliger Klarheit darüber zu gelangen.

Anhang:
Mardochai erhält Kenntnis von einer Verschwörung gegen das Leben des Königs; Hamans Haß

13 Mardochai schlief aber im Palast zusammen mit Gabatha und Tharra, den beiden Eunuchen (= Verschnittenen) des Königs, die den Palast zu bewachen hatten.

14 Da hörte er ihre Anschläge, bekam Kenntnis von ihren Befürchtungen und erfuhr, daß sie beabsichtigten, Hand an den König Artaxerxes zu legen. Dies zeigte er dem Könige an.

15 Dieser ließ die beiden Eunuchen peinlich verhören, und nachdem sie gestanden hatten, wurden sie zum Tode abgeführt.

16 Hierauf ließ der König diese Vorkommnisse zur Erinnerung aufschreiben, und auch Mardochai fertigte einen schriftlichen Bericht darüber an.

17 Der König übertrug alsdann dem Mardochai die Dienstleistungen im Palast und beschenkte ihn für seine Tat.

18 Es stand aber Haman, der Sohn

Hamadathas, der Bugäer, beim Könige in hohen Ehren und ging darauf aus, dem Mardochai und seinem ganzen Volke Unheil zuzufügen wegen der beiden Eunuchen.

*2. Zweites Stück:
Verordnung des Königs
bezüglich der Vernichtung der Juden*

1 Der Wortlaut dieses Schreibens aber ist folgender: Der Großkönig Artaxerxes läßt an die Statthalter und die ihnen unterstellten Landpfleger der hundertundsiebenundzwanzig Provinzen von Indien bis Äthiopien folgendes Schreiben ergehen:
2 Obgleich ich über viele Völker herrsche und den ganzen Erdkreis in meiner Gewalt habe, bin ich doch darauf bedacht gewesen, mich nicht durch die feste Zuversicht auf meine Macht hinreißen zu lassen, sondern stets mit möglichster Milde und Sanftmut zu regieren, die Lebensverhältnisse meiner

Untertanen allezeit friedvoll zu gestalten, das Reich ruhig und bis an die äußersten Grenzen leicht zugänglich zu machen und den von aller Welt ersehnten Frieden immer aufs neue zu sichern.

3 Als ich nun meine Räte befragte, wie dies wohl zustande gebracht werden könnte, hat Haman, der den zweiten Rang im Reiche einnimmt, mein ebensowohl durch Besonnenheit ausgezeichneter als durch unwandelbare Ergebenheit und feste Treue bewährter Minister,

4 uns dargelegt, daß allen Volksstämmen auf der ganzen Erde ein gewisses feindseliges Volk beigemischt sei, das durch seine Gesetze und Bräuche im Gegensatz zu allen anderen Völkern stehe und die Befehle der Könige hartnäckig unbeachtet lasse, so daß die von uns tadellos gehandhabte Reichsregierung nicht zur Ruhe kommen könne.

5 Da wir nun in Betracht gezogen haben, daß einzig und allein dieses Volk allezeit gegen jedermann eine feindliche Stellung einnimmt, infolge seiner Gesetze und Bräuche eine fremdartige Lebensweise führt und in seiner Abneigung gegen

unsere Verhältnisse die schlimmsten Übeltaten vollbringt, und zwar so, daß das Reich nicht zu gedeihlicher Ruhe gelangen kann:

6 so haben wir demgemäß angeordnet, daß die im Schreiben Hamans, unsers obersten Reichsbeamten und zweiten Vaters, euch Bezeichneten alle mit Weib und Kind durch das Schwert ihrer Feinde mit der Wurzel ohne alle Gnade und Schonung am vierzehnten Tage des zwölften Monats Adar des gegenwärtigen Jahres ausgerottet werden sollen,

7 damit diese schon längst und auch jetzt feindselig gesinnten Menschen an einem Tage gewaltsam in die Unterwelt hinabfahren und uns für die Zukunft in unsern Verhältnissen bis ans Ende ungestört und unbehelligt lassen.

3. Drittes Stück:
Mardochais Gebet um Errettung

1 In der Erinnerung an alles, was der Herr getan hatte, betete Mardochai

folgendermaßen:

2 'Herr, Herr, allmächtiger König! In deiner Gewalt steht ja das All, und niemand vermag sich gegen dich aufzulehnen, wenn du Israel retten willst;

3 denn du hast Himmel und Erde geschaffen und alles, was es unter dem Himmel Wunderbares gibt.

4 Du bist Herr über alles, und niemand kann dir, dem Herrn, widerstehen.

5 Du weißt alles; du weißt, o Herr, daß ich nicht aus Übermut, nicht aus Überhebung oder Ruhmsucht so gehandelt habe, mich vor dem hochmütigen Haman nicht niederzuwerfen;

6 denn gern wollte ich seine Fußsohlen küssen, um Israel dadurch zu retten.

7 Nein, ich habe so gehandelt, um nicht die Ehre eines Menschen über die Ehre Gottes zu setzen. Ich will mich vor niemand niederwerfen als vor dir, meinem Herrn; und nicht aus Stolz will ich so handeln.

8 Und nun, Herr, mein Gott und König, du Gott Abrahams, schone deines Volkes! denn sie haben unsere Vernichtung im

Auge und trachten danach, das dir von Anfang an zugehörige Eigentumsvolk zu vertilgen.

9 Laß dein Eigentum nicht unbeachtet, das du dir aus Ägyptenland erkauft hast!

10 Erhöre mein Gebet und sei den dir Angehörigen gnädig! Verwandle unsere Trauer in Freude, damit wir am Leben bleiben und deinen Namen preisen, o Herr, und laß den Mund derer, die dich loben, nicht verstummen!'

11 Und alle Israeliten erhoben ein Geschrei, so laut sie konnten; denn der Tod stand ihnen vor Augen.

*4. Viertes Stück:
Gebet der Esther*

1 Auch die Königin Esther nahm ihre Zuflucht zum Herrn, von Todesangst erfaßt;

2 sie legte ihre prächtigen Gewänder ab und zog Gewänder der Betrübnis und Trauer an, und statt der kostbaren Salben bedeckte sie ihr Haupt mit Asche und

Schmutz; sie kasteite (verunzierte) ihren Leib hart und bedeckte alle Stellen ihres Körpers, die sonst mit reizendem Schmuck geziert waren, mit ihren aufgelösten Haarflechten.

3 Dann richtete sie an den Herrn, den Gott Israels, folgendes Gebet:

4 'O mein Herr, du allein bist unser König! komm mir zu Hilfe, ich bin verlassen und habe keinen Helfer als dich, und Gefahr steht unmittelbar vor mir.

5 Von Geburt an habe ich im Kreise meiner Familie gehört, daß du, Herr, Israel aus allen Völkern herausgenommen und unsere Väter aus allen ihren Vorfahren zum ewigen Eigentumsvolke erwählt und alle deine Verheißungen an ihnen erfüllt hast.

6 Jetzt aber haben wir vor dir gesündigt, und du hast uns der Gewalt unserer Feinde preisgegeben zur Strafe dafür, daß wir ihre Götter verehrt haben; du bist gerecht, o Herr!

7 Jetzt aber lassen sie sich nicht an dem bittern Lose unserer Knechtschaft genügen, sondern sie haben ihren

Götzen in die Hände (durch Handschlag) zugeschworen, die Bestimmung deines Mundes zu vereiteln, dein Eigentumsvolk auszurotten und den Mund derer, die dir lobsingen, verstummen zu machen, den Glanz deines Hauses und deines Altars auszutilgen, den Heiden den Mund zu öffnen zum Preise ihrer nichtigen Götzen und einem irdischen Könige Bewunderung auf ewig zu verschaffen.

8 Überlaß, o Herr, dein Zepter nicht denen, die nichts sind, und laß sie über unsere Vernichtung nicht hohnlachen, sondern laß ihren Anschlag zu ihrem eigenen Verderben ausschlagen und mache den, der dies gegen uns ins Werk gesetzt hat, zu einem warnenden Beispiel!

9 Gedenke unser, o Herr! Gib dich uns zu erkennen zur Zeit unserer Not und verleihe mir Kraft, du König der Götter und Herr aller Gewalt!

10 Lege gewinnende Worte in meinen Mund angesichts des Löwen und wende sein Herz zum Haß gegen unsern Widersacher, zu seinem und seiner Gesinnungsgenossen Verderben!

11 Uns aber rette durch deine Hand und hilf mir, der Verlassenen, die niemand hat als dich, o Herr!

12 Du weißt alle Dinge, du weißt auch, daß ich die Herrlichkeit der Gottlosen hasse und daß ich das Lager der Unbeschnittenen und aller Fremden verabscheue.

13 Du kennst den Zwang meiner Lage, daß ich das Zeichen der Hoffart verabscheue, das ich auf dem Haupte trage, wenn ich mich öffentlich zeigen muß. Ich verabscheue es wie ein blutbeflecktes Tuch, und ich trage es nicht an den Tagen, wo ich ruhig für mich bin.

14 Auch hat deine Magd nie am Tische Hamans gegessen, und nie habe ich ein Trinkgelage des Königs verherrlichen helfen, auch nie Wein von Trankopfern genossen.

15 Auch hat deine Magd keine Freude mehr gehabt seit dem Tage ihrer Lebensveränderung bis heute als nur an dir, o Herr, du Gott Abrahams.

16 O Gott, der du gewaltig bist über alle, erhöre den Hilferuf der Verzweifelnden

und rette uns aus der Hand der Übeltäter! Befreie auch mich von meiner Angst!'

5. Esthers Gang zum Könige

1 Am dritten Tage, als sie zu beten aufgehört hatte, legte sie die Kleider ihres Gottesdienstes ab und legte ihre Prachtgewandung an.

2 Nachdem sie sich so herrlich geschmückt und den alles erschauenden Gott und Retter angerufen hatte, nahm sie die beiden Zofen zu sich,

3 auf deren eine sie sich stützte als eine vornehme Frau,

4 während die andere hinter ihr herging und ihr die Schleppe trug.

5 Und sie selbst strahlte im vollen Glanz ihrer Schönheit, und ihr Antlitz war heiter und liebreizend, aber ihr Herz war beklommen vor Angst.

6 Nachdem sie nun alle Türen durchschritten hatte, trat sie vor den König. Dieser saß auf dem Throne seines Königreiches und war mit seiner ganzen

Prachtgewandung angetan, ging mit Gold und Edelsteinen bedeckt und furchterweckend anzusehen.

7 Als nun der König sein von Hoheit strahlendes Angesicht erhob, blickte er sie mit dem höchsten Zorn an. Da fiel die Königin zu Boden, verfärbte sich infolge einer Ohnmacht und lehnte sich auf den Kopf der Zofe, die vor ihr her ging.

8 Da wandelte Gott den Sinn des Königs zur Sanftmut um; von Angst befallen, sprang er von seinem Thron herab und nahm sie in seine Arme, bis sie wieder zu sich kam. Dabei redete er ihr freundlich zu mit den Worten:

9 'Was ist dir, Esther? Ich bin dein Bruder; fasse Mut: du sollst nicht sterben!

10 Unsere Verordnung gilt ja nur im allgemeinen; komm her!'

11 Hierauf erhob er seinen goldenen Stab, legte ihn ihr auf den Nacken, umarmte sie und sagte: 'Sprich dich gegen mich aus!'

12 Da sagte sie zu ihm: 'Als ich dich erblickte, o Herr, warst du mir wie ein Engel Gottes, und mein Herz erschrak aus Furcht vor deiner Herrlichkeit; denn

du bist bewundernswert, o Herr, und dein Angesicht ist voller Anmut!'

13 Während sie aber so redete, fiel sie aufs neue ohnmächtig nieder.

14 Der König geriet in Aufregung, und seine ganze Dienerschaft sprach ihr zu.

6. König Artaxerxes nimmt seinen Erlaß gegen die Juden feierlich zurück

1 Hier folgt die Abschrift des Schreibens: "Großkönig Artaxerxes entbietet den hundertsiebenundzwanzig Statthaltern von Indien bis Äthiopien, den Verwaltern der Landschaften und allen, die uns wohlgesinnt sind, seinen Gruß.

2 Viele, die durch die übergroße Güte ihrer Wohltäter allzusehr geehrt werden, trachten nach noch Höherem

3 und suchen nicht nur unseren Untertanen Schaden zuzufügen, sondern, weil sie das Übermaß ihres Glückes nicht zu ertragen vermögen, unternehmen sie es sogar, gegen ihre Wohltäter Anschläge ins Werk zusetzen.

4 Indem sie nicht nur das Gefühl der Dankbarkeit in den Menschen zerstören, sondern sich auch durch das prahlerische Gerede derer, die keine Wohltaten empfangen, sich ermutigen lassen, wähnen sie, dem das Böse hassenden Strafgericht des allwissenden Gottes entrinnen zu können.

5 Oft hat aber auch böse Überredungskunst viele von den höheren Staatsbeamten, die doch mit der Sorge für die Angelegenheiten ihrer Freunde betraut worden sind, zu Mitschuldigen an unschuldig vergossenem Blute gemacht und in unheilbares Unglück verstrickt,

6 wenn jene durch die lügnerische Täuschung der sittlichen Schlechtigkeit das arglose Wohlwollen der Regierenden täuschend hintergehen.

7 Zu ersehen ist das nicht sowohl aus den älteren Geschichten, für deren Überlieferung wir gesorgt haben, als vielmehr, indem ihr das, was ihr unmittelbar vor Augen habt, genau ins Auge faßt, nämlich die frevelhaften Taten, die durch die nichtswürdige Bosheit der

höchsten Reichsbeamten verübt worden sind.

8 Und für die Folgezeit ist darauf zu achten, daß wir das Reich allen Menschen in festgeordnetem und friedlichem Zustande darbieten, indem wir die erforderlichen Veränderungen vornehmen und das, was uns vor die Augen kommt, immer mit möglichster Milde beurteilen und behandeln.

9 Wie denn auch Haman, der Sohn Hamadathas, ein Mazedonier, der tatsächlich dem Geblüt der Perser fernsteht und sich von unserer Ehrenhaftigkeit völlig losgesagt hat, gastlich von uns aufgenommen, –

10 er hatte die Menschenfreundlichkeit, die wir gegen alle Völker hegen, in solchem Grade erfahren, daß er öffentlich als unser Vater bezeichnet und als die zweite Person nach dem königlichen Thron von allen immerfort durch Niederfallen geehrt wurde, –

11 seinen Hochmut nicht hat zügeln können, sondern darauf ausgegangen ist, uns der Herrschaft und des Lebens zu berauben,

12 und unsern Lebensretter und immerwährenden Wohltäter Mardochai und auch Esther, die unsträfliche Genossin des Königsthrones, samt allen ihren Volksgenossen durch arglistige Vorspiegelungen und Ränke in den gewaltsamen Tod hat bringen wollen.

13 Denn durch diese Künste hoffte er, wenn er uns vereinsamt gemacht hätte, die Oberherrschaft der Perser auf die Mazedonier zu übertragen.

14 Wir aber finden, daß die von dem Erzschurken der Vernichtung preisgegebenen Juden keine Verbrecher sind, sondern nach durchaus gerechten Gesetzen und Bräuchen im Staate leben und daß sie Kinder des höchsten, größten, lebendigen Gottes sind, der uns und unseren Vorfahren das Reich im schönsten Zustande erhalten hat.

15 Ihr werdet also wohl tun, wenn ihr keinen Gebrauch von dem Schreiben macht, welches Haman, der Sohn Hamadathas, abgesandt hat, weil er um seiner Böstaten willen vor den Toren von Susa mit seiner ganzen Familie aufgehängt worden ist, indem der

allwaltende Gott das wohlverdiente Gericht an ihm vollzogen hat.

16 Eine Abschrift dieses Schreibens sollt ihr aber in allen Ortschaften öffentlich aushängen, daß man nämlich den Juden gestatte, nach ihren eigenen Gesetzen und Bräuchen zu leben, und daß man ihnen Beistand leiste, damit sie sich derer, die sie zur Zeit ihrer Bedrängnis am dreizehnten Tage des zwölften Monats Adar angreifen, an eben diesem Tage erwehren können;

17 denn dieser Tag hat der über alles waltende Gott dem erwählten Volke statt zum Verderben zu einem Freudentage gemacht.

18 So feiert ihr denn nun neben euren anerkannten (= herkömmlichen) Festen einen besonders ausgezeichneten Tag mit aller Fröhlichkeit, damit er sowohl jetzt als auch in der Folgezeit für euch und für die euch wohlgesinnten Perser ein Tag des Heils sei, für die aber, welche uns nachstellen, eine Erinnerung an das Verderben.

19 Jede Stadt aber oder Landschaft ohne Ausnahme, die nicht nach diesem Erlaß

verfährt, soll mit Waffengewalt und Feuer unnachsichtlich verheert werden, so daß sie nicht nur den Menschen unzugänglich, sondern auch den wilden Tieren und den Vögeln für alle Zeit zum Abscheu wird". 'Abschriften (dieses Erlasses) sollen weithin sichtbar im ganzen Königreiche ausgehängt werden, und alle Juden sollen sich auf den genannten Tag zum Kampfe mit ihren Gegnern bereit halten'.

7. Siebentes Stück:
Die Deutung von Mardochais Traum

1 Und Mardochai sagte: 'Von Gott ist dies geschehen.

2 Ich gedenke des Traumbildes, das mir über diese Begebenheiten erschienen ist; denn keine einzige von ihnen ist unerfüllt geblieben.

3 Die kleine Quelle, die zu einem Strome wurde, und es war auch ein Licht und die Sonne und viel Wasser da: –

4 Esther ist der Strom, sie, die der König

geehelicht und zur Königin gemacht hat. Die beiden Drachen aber – das bin ich und Haman.

5 Und die Völker – das sind die, welche sich versammelten, um den Namen der Juden auszutilgen.

6 Mein Volk aber – das sind die Israeliten, die zu Gott schrieen und gerettet wurden. Ja, der Herr hat sein Volk gerettet und der Herr hat uns aus allen diesen Leiden erlöst; und Gott ist's gewesen, der die Zeichen und die großen Wunder vollbracht hat, wie solche noch nie unter den Völkern geschehen sind.

7 Darum hat Gott zwei Lose gemacht, eines für das Volk Gottes und eines für alle anderen Völker.

8 Und diese beiden Lose sind zur festgesetzten Zeit und Stunde eingetroffen, und zwar auf den Tag des Gerichts vor Gott (für sein Volk) und für alle Völker.

9 Und Gott hat seines Volkes gedacht und seinem Eigentumsvolke Gerechtigkeit zuteil werden lassen.

10 Und es sollen von ihnen diese Tage

im Monat Adar, am vierzehnten und am fünfzehnten Tage eben dieses Monats, mit Festversammlung und mit Freude und Fröhlichkeit vor Gott gefeiert werden von Geschlecht zu Geschlecht auf ewige Zeit in seinem Volke Israel.'

Die Unterschrift

Im vierten Regierungsjahre des Ptolemäus und der Kleopatra haben Dositheus, der sich für einen Priester und Leviten ausgab, und sein Sohn Ptolemäus das vorliegende Schreiben über das Purimfest (nach Ägypten) hergebracht; sie behaupteten, das Schreiben sei echt, und Lysimachus, der Sohn des Ptolemäus, der in Jerusalem wohne, habe es übersetzt.

Stücke zu Daniel

1. Susanna

1. Das Verbrechen

1 Es wohnte ein Mann in Babylon namens Jojakim.

2 Er hatte eine Frau namens Susanna geheiratet, die Tochter Hilkias, die sehr schön war und den Herrn fürchtete;

3 auch ihre Eltern waren rechtschaffen und hatten ihre Tochter unterwiesen nach dem Gesetz Mose's.

4 Jojakim war aber sehr reich, und ihm gehörte ein Lustgarten (= Park), der an sein Haus anstieß; und bei ihm kamen die Juden zusammen, weil er angesehener war als sie alle.

5 Und es wurden zwei Älteste aus dem Volk als Richter gewählt in jenem Jahre – von denen der Herr gesagt hat: 'Gesetzlosigkeit ist von Babylon ausgegangen von seinen Ältesten (und) Richtern, die das Volk (wohl) zu regieren schienen' –

6 die gingen aus und ein in Jojakims Hause, und es kamen zu ihnen alle, die einen Rechtshandel hatten.

7 Wenn dann das Volk um Mittag sich verlaufen hatte, ging Susanna hin und erging sich im Lustgarten ihres Mannes.

8 Da nun die beiden Ältesten sie täglich hingehen und lustwandeln sahen, entbrannten sie in Begierde nach ihr;

9 sie verkehrten ihren Sinn und lenkten ihre Augen ab, so daß sie nicht zum Himmel emporsahen und der gerechten Gerichte (Gottes) nicht gedachten.

10 Sie waren beide von Liebe zu ihr entbrannt, doch keiner teilte dem andern sein Liebesweh mit,

11 denn sie schämten sich, von ihrer Begierde, mit ihr zusammen zu sein, Mitteilung zu machen;

12 doch waren sie Tag für Tag eifrig bemüht, sie zu Gesicht zu bekommen.

13 Da sagte (eines Tags) einer zum andern: 'Laß uns nach Hause gehen, denn es ist Essens Zeit'. So trennten sie sich also beim Hinausgehen voneinander,

14 kehrten dann aber um und trafen an derselben Stelle wieder zusammen. Und

da sie sich gegenseitig ausfragten, gestanden sie als Ursache ihre Begierde (nach ihr) ein. Hierauf setzten sie gemeinsam eine Zeit fest, wo sie sie allein treffen könnten.

15 Wie sie nun so einen günstigen Tag abpaßten, begab es sich, daß sie nach ihrer Gewohnheit in den Garten ging, nur mit zwei Mädchen, und sich dort zu baden wünschte, weil es sehr heiß war;

16 und es war dort niemand zugegen außer den beiden Ältesten, die sich versteckt hatten, um sie zu belauern.

17 Sie sagte dann zu den Mädchen: 'Holt mir Öl und Salben und schließt die Türen des Gartens, damit ich mich baden kann'.

18 Sie taten nach ihrem Geheiß, verschlossen die Gartentüren und gingen durch die Hintertür hinaus, um das Verlangte zu holen; sie sahen aber die Ältesten nicht, denn die hielten sich versteckt.

19 Als nun die Mädchen hinausgegangen waren, erhoben sich die beiden Ältesten, liefen auf sie zu und sagten:

20 'Siehe, die Türen des Gartens sind

verschlossen und niemand sieht uns; wir sind in Liebe zu dir entbrannt; darum sei uns zu Willen und gib dich uns hin.

21 Wo nicht, so werden wir gegen dich bezeugen, daß ein junger Mann mit dir zusammen gewesen sei und du deshalb die Mädchen weggeschickt habest'.

22 Da seufzte Susanna und sagte: 'Bedrängnis umgibt mich von allen Seiten! denn wenn ich das tue, steht der Tod mir bevor; und tue ich's nicht, so werde ich euren Händen nicht entgehen;

23 aber besser ist es doch für mich, es nicht zu tun und in eure Hände zu fallen, als vor dem Herrn zu sündigen'.

24 Hierauf schrie Susanna mit lauter Stimme, aber auch die beiden Ältesten schrieen wider sie;

25 und einer von ihnen lief hin und öffnete die Tür des Gartens.

26 Als nun die Leute im Hause das Geschrei im Garten vernahmen, eilten sie durch die Hintertür hinein, um zu sehen, was ihr widerfahren sei.

27 Als aber die Ältesten ihre Aussage gemacht hatten, wurden die Diener sehr beschämt; denn noch niemals war so

etwas der Susanna nachgesagt worden.

28 Als nun am andern Tage das Volk bei ihrem Manne Jojakim zusammenkam, stellten sich auch die beiden Ältesten ein, erfüllt mit dem ruchlosen Gedanken wider Susanna, sie ums Leben zu bringen.

29 Sie sagten also vor dem Volke: 'Laßt Susanna, Hilkias Tochter, die Frau Jojakims, herkommen!' Man holte sie herbei,

30 und sie kam mit ihren Eltern, ihren Kindern und allen ihren Verwandten;

31 Susanna aber war sehr üppigen Wuchses und schön von Angesicht.

32 Da befahlen die ruchlosen Männer, man solle ihr den Schleier abnehmen – denn sie war verschleiert –, damit sie sich an ihrer Schönheit weiden könnten.

33 Ihre Angehörigen aber weinten und alle, die sie sahen.

34 Es erhoben sich aber die beiden Ältesten inmitten des Volkes und legten ihre Hände auf ihr Haupt;

35 sie aber schaute weinend zum Himmel empor, denn ihr Herz vertraute auf den Herrn.

36 Die Ältesten sagten sodann aus: 'Während wir allein im Garten umhergingen, kam diese herein mit zwei Mädchen; sie ließ die Gartentüren schließen und schickte die Mädchen fort.

37 Da kam zu ihr ein junger Mann, der versteckt gewesen war, und legte sich zu ihr.

38 Wir aber, die wir uns in einem Winkel des Gartens befanden, liefen beim Anblick dieser Schandtat auf die beiden zu;

39 und nachdem wir ihr Zusammensein gesehen, konnten wir zwar jenes Menschen, weil er stärker als wir war und die Tür öffnete und hinaussprang, nicht habhaft werden;

40 diese aber ergriffen wir und fragten sie, wer der junge Mann wäre; doch sie wollte es uns nicht sagen. Solches bezeugen wir!'

41 Und die Versammlung schenkte ihnen, als Ältesten des Volkes und als Richtern Glauben, und man verurteilte sie zum Tode.

Die Rettung der Unschuldigen durch Entlarvung der Verbrecher

42 Susanna aber brach in laute Wehklage aus und sagte: 'O ewiger Gott, der du das Verborgene kennst und alles weißt, bevor es geschieht:

43 du weißt, daß sie falsches Zeugnis wider mich abgelegt haben; und nun muß ich sterben, ohne irgend etwas von dem getan zu haben, dessen jene mich böslich beschuldigen!'

44 Und der Herr erhörte ihr Rufen.

45 Denn als sie zur Hinrichtung abgeführt wurde, erweckte Gott den heiligen Geist eines ganz jungen Mannes namens Daniel;

46 der rief mit lauter Stimme aus: 'Ich bin unschuldig an dem Blute dieser Frau!'

47 Alles Volk wandte sich ihm zu und man fragte: 'Was willst du mit diesem deinem Ausruf besagen?'

48 Er aber trat mitten unter sie und sagte: 'Sind denn die Kinder Israel solche Toren? Ohne Untersuchung und ohne Gewißheit erlangt zu haben, verurteilt ihr eine Tochter Israels?

49 Kehrt ins Gerichtshaus zurück, denn diese haben falsches Zeugnis wider sie abgelegt!'

50 Da kehrte das ganze Volk eilig wieder um. Und die Ältesten sagten zu ihm: 'Komm her, setze dich in unsre Mitte und berichte uns! denn Gott selbst hat dir das Vorrecht des Alters verliehen!'

51 Daniel aber sagte zu ihnen: 'Trennt sie weit voneinander, dann will ich sie verhören'.

52 Nachdem sie nun voneinander getrennt waren, rief er den einen von ihnen und sagte zu ihm: 'Du in einem gottlosen Leben Ergrauter! jetzt kommen deine vormals begangenen Sünden über dich,

53 da du ungerecht gerichtet, Unschuldige verurteilt und Schuldige freigesprochen hast, während doch Gott gebietet: ›Den Schuldlosen und Gerechten sollst du nicht umbringen!‹

54 Nun denn, wenn du diese Frau wirklich gesehen hast, so sage doch: Unter was für einem Baume hast du sie beieinander gesehen?' Er antwortete: 'Unter einem Mastixbaum'.

55 Daniel erwiderte ihm: 'Richtig gelogen hast du wider dein eigenes Haupt; denn bereits hat der Engel Gottes Befehl von Gott erhalten und wird dich mitten durch zerhauen!'

56 Nachdem er dann diesen hatte wegbringen lassen, hieß er den andern herbeiführen und sagte zu ihm: 'Du Kanaaniter und Nichtjude! Die Schönheit hat dich betört, und die Sinnenlust hat dein Herz verkehrt.

57 So habt ihr's überhaupt mit den Töchtern Israels gemacht, und sie sind euch aus Furcht zu Willen gewesen; aber eine Tochter Juda's hat sich eurer Ruchlosigkeit nicht gefügt.

58 So sage mir nun: Unter was für einem Baume hast du sie beieinander gesehen?' Er antwortete: 'Unter einer Eiche'.

59 Daniel sagte zu ihm: 'Geradeswegs hast auch du wider dein eigenes Haupt gelogen; denn es steht schon der Engel Gottes bereit, mit dem Schwerte dich mittendurch zu zerhauen, damit er euch ausrotte!'

60 Da brach die ganze Versammlung in laute Rufe aus und pries Gott, der die auf

ihn Hoffenden rettet.

61 Und sie erhoben sich wider die zwei Ältesten, weil Daniel sie nach ihren eigenen Aussagen als falsche Zeugen erwiesen hatte;

62 und man verfuhr mit ihnen, wie sie dem Nächsten zu tun gedacht hatten, nach dem Gesetz Mose's und tötete sie. So wurde unschuldiges Blut an jenem Tage gerettet.

63 Hilkia aber und sein Weib priesen Gott wegen ihrer Tochter, samt Jojakim, ihrem Manne, und allen ihren Verwandten, weil nichts Schandbares an ihr gefunden worden war.

64 Daniel aber stand in hohem Ansehen bei dem Volke von jenem Tage an und fernerhin.

2. Bel und Drache

1 Als der König Astyages zu seinen Vätern eingegangen war, hatte der Perser Cyrus sein Reich übernommen;

2 Daniel aber war der Tischgenosse des

Königs und angesehener als alle übrigen seiner Freunde.

3 Nun hatten die Babylonier ein Götzenbild namens Bel (= Baal), für welches täglich zwölf Scheffel Weizenmehl, vierzig Schafe und sechs Metreten (= große Eimer) Wein verwandt wurden.

4 Der König verehrte ihn (d. h. den Bel) und ging Tag für Tag hin, ihn anzubeten; Daniel aber betete seinen Gott an. Da fragte ihn der König: 'Warum betest du den Bel nicht an?'

5 Er erwiderte: 'Ich verehre keine von Händen gemachte Bildgötter, sondern nur den lebendigen Gott, der Himmel und Erde geschaffen hat und Herr über die ganze Menschheit ist'.

6 Da sagte der König zu ihm: 'Du hältst also den Bel nicht für einen lebendigen Gott? Siehst du denn nicht, wie viel er täglich ißt und trinkt?'

7 Daniel aber lachte und sagte: 'Laß dich nicht betören, o König! denn dieser da ist inwendig von Ton und auswendig von Erz und hat noch niemals etwas gegessen'.

8 Darüber geriet der König in Zorn, ließ seine Priester rufen und sagte zu ihnen: 'Wenn ihr mir nicht sagt, wer diese Opfergaben verzehrt, so müßt ihr sterben;

9 beweist ihr mir aber, daß Bel sie verzehrt, so muß Daniel sterben, weil er eine Gotteslästerung gegen Bel ausgesprochen hat'. Und Daniel sagte zum Könige: 'Es geschehe, wie du gesagt hast'.

10 Die Belspriester aber waren siebenzig an der Zahl, ohne die Weiber und Kinder. Hierauf begab sich der König mit Daniel in den Tempel Bels.

11 Da sagten die Belspriester: 'Siehe, wir begeben uns hinaus; setze du nun selbst, o König, die Speisen vor, stelle den Wein, nachdem du ihn gemischt hast, hin, verschließe dann die Tür und versiegle sie mit deinem Ringe;

12 und wenn du frühmorgens kommst und nicht alles von Bel aufgezehrt findest, so wollen wir sterben, andernfalls aber Daniel, der wider uns gelogen hat'.

13 Sie waren aber ohne Sorge, weil sie unter dem Opfertische einen heimlichen

Gang hergerichtet hatten, durch den sie regelmäßig einzugehen und dann alles zu verzehren pflegten.

14 Nachdem jene nun hinausgegangen waren, setzte der König dem Bel die Speisen vor. Daniel aber gab seinen Dienern Befehl, und sie brachten Asche herbei und bestreuten damit den ganzen Tempel vor den Augen des allein anwesenden Königs; dann gingen sie hinaus, verschlossen die Tür, versiegelten sie mit des Königs Ringe und gingen weg.

15 Die Priester aber kamen in der Nacht nach ihrer Gewohnheit mit ihren Weibern und Kindern und verzehrten und tranken alles.

16 Der König aber fand sich am andern Morgen früh ein, und Daniel war bei ihm.

17 Der König fragte nun: 'Daniel, sind die Siegel unversehrt?' Er antwortete: 'Jawohl, o König'.

18 Sodann warf der König gleich beim Öffnen der Tür einen Blick auf den Opfertisch und rief mit lauter Stimme: 'Groß bist du, Bel, und kein Betrug ist bei dir zu finden!'

19 Daniel aber lachte und hielt den König zurück, daß er nicht hineinginge, und sagte: 'Sieh doch den Fußboden an und sieh zu, wessen Fußspuren das sind!'

20 Der König sagte: 'Ich sehe die Fußspuren von Männern, Weibern und Kindern'.

21 Da wurde der König zornig und ließ die Priester samt ihren Weibern und Kindern festnehmen, und sie zeigten ihm die verborgene Tür, durch die sie hineingegangen waren, um die auf dem Tische aufgelegten Gaben zu verzehren.

22 Der König ließ sie töten und gab den Bel dem Daniel preis, der ihn samt seinem Tempel zerstörte.

Vom Drachen zu Babylon

23 Es war da auch ein großer Drache, den verehrten die Babylonier als Gott.

24 Und der König sagte zu Daniel: 'Wirst du etwa auch von diesem sagen, daß er Erz sei? Siehe, er lebt, frißt und trinkt; du kannst nicht behaupten, daß er kein lebendiger Gott sei. Bete ihn also an!'

25 Doch Daniel antwortete: 'Den Herrn,

meinen Gott, will ich anbeten, denn er ist der lebendige Gott!

26 Du aber, o König, gib mir Erlaubnis, so will ich den Drachen ohne Schwert und Stock töten'. Der König sagte: 'Ich gewähre es dir'.

27 Da nahm Daniel Pech, Fett und Haare, kochte dies zusammen, machte Kuchen daraus, warf sie dem Drachen ins Maul; und als der Drache sie gefressen hatte, zerbarst er. Dann rief er aus: 'Seht, das sind eure Götter!'

28 Als nun die Babylonier den Vorfall erfuhren, wurden sie sehr unwillig, verschworen sich gegen den König und sagten: 'Ein Jude ist der König geworden: den Bel hat er zerstört, den Drachen getötet und die Priester umgebracht!'

29 So kamen sie denn zum Könige und sagten: 'Liefere uns den Daniel aus; wo nicht, so werden wir dich samt deinem Hause töten!'

30 Da nun der König sah, daß sie ihn sehr bedrängten, lieferte er ihnen den Daniel notgedrungen aus.

31 Sie warfen ihn in die Löwengrube; und er blieb sechs Tag lang darin.

32 Es befanden sich aber in der Grube sieben Löwen, denen man täglich zwei Leichen und zwei Schafe gab; jetzt aber gab man ihnen nichts, damit sie den Daniel auffräßen.

33 Nun lebte damals der Prophet Habakuk in Judäa; der hatte einen Brei gekocht und Brote in eine Schale eingebrockt und ging damit aufs Feld hinaus, um es den Schnittern zu bringen.

34 Da sagte der Engel des Herrn zu Habakuk: 'Bringe das Mahl, das du da hast, nach Babylon dem Daniel in die Löwengrube!'

35 Habakuk antwortete: 'Herr, Babylon habe ich nie gesehen, und von der (Löwen)grube weiß ich nichts.'

36 Da ergriff der Engel des Herrn ihn am Kopfe, faßte ihn bei den Haaren und versetzte ihn mit der Schnelligkeit seines Hauches nach Babylon, oben an die Grube.

37 Da rief Habakuk: 'Daniel, Daniel, nimm das Mahl, das Gott dir sendet!

38 Da sagte Daniel: 'Ja, du hast meiner gedacht, o Gott, und verläßt die nicht, welche dich lieben!'

39 Und Daniel erhob sich und aß; der Engel Gottes aber brachte den Habakuk sofort wieder in seine Heimat zurück.

40 Am siebenten Tage kam der König, um Daniel zu betrauern; als er aber an die Grube trat und hineinschaute, sah er Daniel da sitzen.

41 Da rief er mit lauter Stimme: 'Groß bist du, Herr, du Gott Daniels, und es gibt außer dir keinen andern!'

42 Und er ließ ihn herausziehen; diejenigen aber, welche ihn hatten umbringen wollen, ließ er in die Grube werfen, und sie wurden sofort vor seinen Augen aufgefressen.

3. Das Gebet Asarjas

1 Asarja trat hin und betete also; er tat seinen Mund auf und dankte dem Herrn (zugleich mit seinen Genossen inmitten des Feuers) und sprach:

2 'Gelobt und gepriesen seist du, Herr, du Gott unserer Väter, und verherrlicht sei dein Name in alle Ewigkeit!

3 Denn gerecht bist du in allem, was du an uns getan hast, und alle deine Werke sind wahrhaftig und deine Wege richtig und alle deine Gerichte wahrhaftig.

4 Gerichte der Wahrheit hast du ausgerichtet in allem, was du über uns hast kommen lassen und über Jerusalem, unsrer Väter heilige Stadt; denn in Wahrheit und mit Recht hast du das alles getan wegen unsrer Sünden.

5 Denn gesündigt haben wir in allem und übel getan damit, daß wir von dir abgefallen sind,

6 und haben uns in allem verfehlt und nicht gehört auf deines Gesetzes Gebote, noch sie gehalten, auch nicht getan, wie du uns befohlen hattest, damit es uns wohl ergehe.

7 Doch nun: alles, was du über uns hast kommen lassen, und alles, was du uns angetan hast, das hast du in wahrhaftem Gerichte getan;

8 und hast uns in die Hände unsrer Feinde gegeben, ruchloser und feindseligster Abtrünniger, und einem Könige, der ungerecht ist und schlimmer als die Herrscher auf der ganzen Erde.

9 Und nun dürfen wir unsren Mund nicht auftun; Schmach und Schimpf ist deinen Knechten und deinen Verehrern zuteil geworden.

10 Gib uns nicht auf immer preis um deines Namens willen und brich deinen Bund nicht!

11 Laß auch dein Erbarmen nicht von uns weichen, um Abrahams, deines Geliebten, und Isaaks, deines Knechts, und Israels, deines Heiligen, willen,

12 denen du ja verheißen hast, ihr Same solle gemehrt werden gleich den Sternen am Himmel und gleich dem Sand am Ufer des Meeres.

13 Denn wir sind, o Herrscher, klein geworden vor allen Völkern und sind heute niedrig auf der ganzen Erde um unsrer Sünden willen.

14 Auch haben wir in dieser Zeit keinen Fürsten noch Propheten noch Anführer, weder Brandopfer noch Schlachtopfer noch Speisopfer, noch Räucherwerk, auch keinen Ort, dir die Erstlinge darzubringen und Gnade zu erlangen.

15 Doch mit zerknirschtem Herzen und zerschlagenem Geist möchten wir von dir

angenommen werden.

16 Als brächten wir Ganzopfer von Widdern und Stieren und Tausende von fetten Schafen dar, so laß heute unser Opfer vor dich kommen und Versöhnung stattfinden vor deinem Angesicht! denn die dir vertrauen, werden nicht zu Schanden.

17 Und nun sind wir dir von ganzem Herzen gehorsam und fürchten dich und suchen dein Angesicht.

18 Laß uns nicht zu Schanden werden, sondern verfahre mit uns nach deiner Milde und nach der Fülle deines Erbarmens,

19 und errette uns nach deinen Wundertaten und gib deinem Namen die Ehre, o Herr! Und schämen müssen sich alle, die deinen Knechten Übles zugefügt haben;

20 zu Schanden laß sie werden mit aller ihrer Herrschaft, und ihre Macht werde zertrümmert!

21 Erkennen müssen sie, daß du der alleinige Herr Gott bist und herrlich über den ganzen Erdkreis hin!'

Der Lobgesang der drei Jünglinge im glühenden Ofen

a) Die wunderbare Bewahrung
der drei Jünglinge

22 Die Diener des Königs aber, die sie hineingeworfen hatten, ließen nicht ab, den Ofen zu heizen mit Naphtha und Werg und Pech und Reisig;
23 und die Flamme schlug gegen 49 Ellen über den Ofen empor
24 und fraß um sich und verbrannte um den Ofen her, wen sie von den Chaldäern erreichte.
25 Aber ein Engel des Herrn war zugleich mit Asarja und seinen Gefährten in den Ofen hinabgestiegen und hatte die Feuerflammen aus dem Ofen hinausgetrieben
26 und bewirkt, daß der Innenraum des Ofens so war, wie wenn ein kühlender Tauwind ihn durchwehte. So berührte also das Feuer sie überhaupt nicht, tat ihnen auch nicht wehe und belästigte sie nicht.

b) Der Lobgesang

27 Da hoben die drei wie mit einem Munde an zu singen; sie priesen und lobten Gott in dem Ofen mit den Worten:

28 'Gelobt seist du, Herr, Gott unsrer Väter, gepriesen und hochgerühmt in Ewigkeit,

29 und gelobt sei dein herrlicher, heiliger Name, hocherhoben und hochgerühmt in alle Ewigkeit!

30 Gelobt seist du im Tempel deiner heiligen Herrlichkeit und hochgepriesen und hochverherrlicht in Ewigkeit!

31 Gelobt seist du auf dem Thron deines Königtums und gepriesen und hochgerühmt in Ewigkeit!

32 Gelobt seist du, der du die Tiefen schaust, sitzend auf den Keruben, gelobt und verherrlicht in Ewigkeit!

33 Gelobt seist du in der Himmelsfeste und gepriesen und verherrlicht in Ewigkeit!

34 Lobet den Herren, all ihr Werke des Herrn, preiset und rühmet ihn hoch in Ewigkeit!

35 Lobet den Herrn, ihr Engel des Herrn,

preiset und rühmet ihn hoch in Ewigkeit!

36 Lobet den Herrn, ihr Himmel, preiset und rühmet ihn hoch in Ewigkeit!

37 Lobet den Herrn, alle ihr Wasser über dem Himmel, preiset und rühmet ihn hoch in Ewigkeit!

38 Lobet den Herrn, all ihr Mächte des Herrn, preiset und rühmet ihn hoch in Ewigkeit!

39 Lobet den Herrn, Sonne und Mond, preiset und rühmet ihn hoch in Ewigkeit!

40 Lobet den Herrn, ihr Sterne des Himmels, preiset und rühmet ihn hoch in Ewigkeit!

41 Lobet den Herrn, aller Regen und Tau, preiset und rühmet ihn hoch in Ewigkeit!

42 Lobet den Herrn, all ihr Winde, preiset und rühmet ihn hoch in Ewigkeit!

43 Lobet den Herrn, du Feuer und Hitze, preiset und rühmet ihn hoch in Ewigkeit!

44 Lobet den Herrn, Frost und Kälte, preiset und rühmet ihn hoch in Ewigkeit!

45 Lobet den Herrn, Tautropfen und Schneeflocken, preiset und rühmet ihn hoch in Ewigkeit!

46 Lobet den Herrn, Nächte und Tage,

preiset und rühmet ihn hoch in Ewigkeit!

47 Lobet den Herrn, Licht und Finsternis, preiset und rühmet ihn hoch in Ewigkeit!

48 Lobet den Herrn, Eis und Kälte, preiset und rühmet ihn hoch in Ewigkeit!

49 Lobet den Herrn, Reif und Schneegestöber, preiset und rühmet ihn hoch in Ewigkeit!

50 Lobet den Herrn, ihr Blitze und Wolken, preiset und rühmet ihn hoch in Ewigkeit!

51 Es lobe den Herrn die Erde, preise und rühme ihn hoch in Ewigkeit!

52 Lobet den Herrn, ihr Berge und Hügel, preiset und rühmet ihn hoch in Ewigkeit!

53 Lobet den Herrn, all ihr Gewächse auf der Erde, preiset und rühmet ihn hoch in Ewigkeit!

54 Lobet den Herrn, ihr Quellen, preiset und rühmet ihn hoch in Ewigkeit!

55 Lobet den Herrn, ihr Meere und Flüsse, preiset und rühmet ihn hoch in Ewigkeit!

56 Lobet den Herrn, ihr Walfische und alles, was sich reget in den Wassern, preiset und rühmet ihn hoch in Ewigkeit!

57 Lobet den Herrn, all ihr Vögel des Himmels, preiset und rühmet ihn hoch in Ewigkeit!

58 Lobet den Herrn, all ihr wilden und zahmen Tiere, preiset und rühmet ihn hoch in Ewigkeit!

59 Lobet den Herrn, ihr Menschenkinder, preiset und rühmet ihn hoch in Ewigkeit!

60 Lobet den Herrn, ihr Israeliten, preiset und rühmet ihn hoch in Ewigkeit!

61 Lobet den Herrn, ihr Priester, preiset und rühmet ihn hoch in Ewigkeit!

62 Lobet den Herrn, ihr Knechte, preiset und rühmet ihn hoch in Ewigkeit!

63 Lobet den Herrn, ihr Geister und Seelen der Gerechten, preiset und rühmet ihn hoch in Ewigkeit!

64 Lobet den Herrn, ihr Frommen und die ihr zerschlagenen Herzens seid, preiset und rühmet ihn hoch in Ewigkeit!

65 Lobet den Herrn, Anania, Asarja und Misael, preiset und rühmet ihn hoch in Ewigkeit! Denn er hat uns der Unterwelt entrissen und uns aus des Todes Macht errettet; er hat uns herausgerissen mitten aus der lodernden Flamme und uns erlöst

aus dem Feuer!

66 Danket dem Herrn, denn er ist freundlich, ja ewig währt sein Erbarmen!

67 Lobet alle, die ihr den Herrn fürchtet, den Gott der Götter! Lobsinget und saget ihm Dank, denn sein Erbarmen währt in Ewigkeit.'

Das Gebet des Manasse

*ein Bußgebet in 15 Versen,
in dem Manasse Rückschau auf sein Leben
hält und um Vergebung bittet*

1 Allmächtiger Herr, Gott unsrer Väter Abraham, Isaak und Jakob und ihrer gerechten Nachkommenschaft!

2 der du Himmel und Erde geschaffen mit allem, was sie schmückt;

3 der du durch das bestimmte Gebot deines Wortes das Meer gefesselt, der du die Tiefe verschlossen und versiegelt hast mit deinem furchtbaren und herrlichen Namen;

4 du, vor dem alles bebt und vor deiner Allmacht zittert –

5 denn unerträglich ist die Großartigkeit deines Glanzes und unwiderstehlich der Zorn, den du den Sündern angedroht hast –

6 unermeßlich und unergründlich ist auch die Barmherzigkeit, die du verheißen hast.

7 Denn du bist der höchste Herr, voller Mitleid, langmütig und gnadenreich, dem die Leiden der Menschen wehe tun. Du, Herr, hast nach der Fülle deiner Güte denen, die sich gegen dich vergangen

haben, Buße und Vergebung verheißen und nach deiner großen Gnade den Sündern Buße verordnet zu ihrem Heil.

8 Du nun, Herr, du Gott der Gerechten, hast Buße nicht den Gerechten auferlegt, nicht dem Abraham, Isaak und Jakob, die ja nicht wider dich gesündigt hatten; wohl aber hast du Buße auferlegt mir, der ich ein Sünder bin;

9 denn ich habe gesündigt über die Zahl des Meeressandes hinaus. Zahlreich sind meine Missetaten, o Herr, ja zahlreich, und ich bin nicht würdig, die Augen zu erheben und zum Himmel droben emporzuschauen wegen der Menge meiner Übertretungen;

10 ich werde niedergebeugt durch viele eiserne Fesseln, so daß ich mein Haupt nicht erheben kann, und ich habe keine Ruhe, weil ich deinen Grimm gereizt und Böses vor dir getan. Ich habe deinen Willen nicht befolgt und deine Gebote nicht gehalten, indem ich Gräuelbilder aufstellte und die Zahl der Schandgötzen vermehrte.

11 Jetzt aber beuge ich das Knie meines Herzens, indem ich deine Gnade erflehe.

12 Ich habe gesündigt, Herr, ich habe gesündigt und kenne meine Missetaten;

13 aber ich bitte dich flehentlich: Vergib mir, Herr, vergib mir, und laß mich nicht durch meine Missetaten zugrunde gehen! Zürne mir nicht ewig und behalte mir meine Übeltaten nicht vor! Verdamme mich auch nicht in den tiefsten Tiefen der Erde! denn du, Gott, bist der Gott der Bußfertigen.

14 So wirst du denn auch an mir alle deine Huld erweisen, denn mich Unwürdigen wirst du erretten nach deiner großen Barmherzigkeit.

15 Dann will ich dich immerfort preisen mein ganzes Leben lang; denn dir lobsingt das ganze himmlische Heer, und dein ist die Herrlichkeit in alle Ewigkeit! Amen.

Anhang und Register

Das Buch Baruch
(1) Luther Bibel 1912